तकदीर की कश्ती

हेमिशा

Made with ♥ on the Notion Press Platform
www.notionpress.com

To My Soul...

My Kanha ji

क्रम-सूची

क्रम-सूची

Takdeer Ki Kashti

Hemisha

पावती (स्वीकृति)

"Acknowledgements"

This book, *Takdeer Ki Kashti,* being my first creation was initially a bunch of random poetries that I used to wrote at times. But, in many ways, this book lived up to its title and content which depicts the journey of my life that passed through the several thunder and storms and still reached the shore.

First and foremost, I want to express gratitude to my family for supporting me and having me live my life in my own way.

To one of my college friends, *Aarti,* who helped me to pass through the toughest time of my life and stood up beside me in my ups and downs. I never doubt the existence of mutual love and respect between us, but I sometimes get annoyed when we don't talk in a while.

Heartly thanks to my *Cute Family,* they are not just my friends but more than a family to me who always made me a priority. They all always supported and cherished me even if I sometimes behaved rudely. Special thanks to *C2, K2, Owner and Boss.*

To the person, who made this book a reality and effortlessly provided the support for me to launch my collection of poetries as a book. Who believed in my abilities and made me realize at every step that I can do better in my life.

आमुख

"एक इंसान जब टूटता है तो वो खुद को फिर से खोजने के लिए सहारा ढूंढता है। यह रचना ज्यादा कुछ नहीं बस खुद से खुद तक का सफर है।"

1. मैं कौन हूँ

खामोशी, मायूसी, उदासी,
जैसे इन्ही सबसे ये ज़िंदगी गुलज़ार है,
जैसे बना मुझमें मेरा ही मज़ार है,
मैं कौन हूँ, मैं क्या हूँ, मैं क्यूँ हूँ ?
ये ज्यादा नहीं महज़ कुछ सवाल है।
उलझी है ज़िंदगी कहीं ना कहीं इनमें,
जैसे अनसुलझी कोई दास्तान है।

मैं हूँ हँसती तो रोती भी हूँ,
मैं हूँ बसती तो वीरान भी होती हूँ,
मैं हूँ बोलती तो खामोश भी हूँ,
जान हैं मुझमें तो बेजान भी हूँ,
मिले ना उत्तर जिसका वो सवाल भी हूँ,
मैं हूँ आग तो अपनी ही चिता की राख भी हूँ,
मैं हूँ ज़िंदगी तो मौत का कारण भी हूँ,
मैं हूँ परेशानी जिसका निवारण भी हूँ,
मैं हूँ गुमशुदा तो अपना मकान भी हूँ,
मैं हूँ रास्ता तो रास्ते में मिली थकान भी हूँ,
मैं हूँ गम तो गम की मुस्कान भी हूँ,
ढूंढ ना सके जिसे कोई मैं ऐसे अंजान भी हूँ,
मैं हूँ महफ़िल तो उसमे छिपी तन्हाई भी हूँ,

मैं हूँ बीज जो अंकुरित होते ही मुरझाई भी हूँ,

मैं हूँ वक़्त जो गुजरते लम्हों सी भुलाई गई हूँ,

मैं हूँ रोशनी मगर परछाई बनाई गई हूँ,

मैं हूँ वो ज़िंदगी जो हर कसौटी पे उतारी गई हूँ,

मैं हूँ वो ज़िंदगी जो हर मोड़ पे सताई गई हूँ,

सुलझा दे खुदा ये पहेलियाँ,

मैं कौन हूँ, मैं क्या हूँ, मैं क्यूँ हूँ ?

या महज़ एक पहेली बनने के लिए बनाई गई हूँ।

2. गिरना शुरू किया

गिरना शुरू किया, संभलना शुरू किया,
उठ खड़े हो चलना शुरू किया,
मुसाफिर हूँ यारों सफर तय करना शुरू किया।

ज़ख्म जो मिले सौगात में ज़िंदगी से,
कभी दिखाना शुरू किया, कभी छुपाना शुरू किया,
गिरना शुरू किया, संभलना शुरू किया,
उठ खड़े हो चलना शुरू किया।

किया विश्वास जब भी, लोगों ने बदलना शुरू किया,
हँसना चाहा जब भी तो रुलाना शुरू किया ,
इंसान हूँ यारों पत्थर नहीं,
लिख कर बयां किया तो वाह-वाह करना शुरू किया,
गिरना शुरू किया, संभलना शुरू किया,
उठ खड़े हो चलना शुरू किया।

3. ख़ाक

ये वक़्त और इसकी नज़ाकत, किसी नजराने से काम नहीं,
महकता है चहकता है क्या इसे कोई गम नहीं।

चलते जाता है मदमस्त हो यही इसकी पहचान,
कोई पकड़ नहीं सकता फिर भी निकल जाता है हाथ से।

लहरें है जो किनारे तक नहीं पहुँच पा रही,
उठती है गिरती है और समंदर में मिल जा रही।

एक पत्ता टूटा है शाख से, पूछता मैं ही क्यूँ,
मुनासिब नहीं यहाँ हर क्यूँ का जवाब मिले।

जब भटक जाए कोई ना दिखे कोई रास्ते,
मिलते है मुसाफिर जिनको ना होता किसी से वास्ता।

बैगरत सी जिंदगी, हर दफा सदमा दे,
क्या फ़र्क पड़ता है रोते चेहरे से गर कोई मुस्कुरा दे।

कुछ पंक्तियाँ काफी नहीं बहुत कुछ बताने के लिए,
मन की बात वो है जिसकी कोई जुबां नहीं होती।

जो ख़ाक में मिलने में है मजा वो उड़ने में कहाँ,
मजा तब है जब ख़ाक में मिले और एक झोंका उड़ा ले
जाए।

4. दर्द होता है

अनगिनत टुकड़े बिखरे है मेरे,
गर इन टुकड़ों को समेटना भी चाहूँ,
तो हर हिस्सा कराहते हुए कहता है,
छूना नहीं बहोत दर्द होता है।

हर तरफ राहों में उदासी का पहरा है,
सन्नाटा पसरा है सब और कुछ कहना चाहूँ,

तो अकेलापन मुझे चुप करके कहता है,
बोलना नहीं बहोत दर्द होता है।

❧ ❧ ❧

रग-रग में दर्द घुलने लगा,
अनजान हुआ मुझसे अक्श मेरा मैं चीखना चाहूँ,
लम्हा लम्हा मेरी चीखें रोक कर कहता है,
चिल्लाना नहीं बहोत दर्द होता है।

❧ ❧ ❧

ये सुनसान रात का पहर कहर बरसाता,
बेचैनी बढ़ती जा रही मैं सोना चाहूँ,
करीब आकर मेरे अंधेरा कहता है,
सोना नहीं बहोत दर्द होता है।

❧ ❧ ❧

आँखों के उस पार आँसुओं का दरिया है,
दर्द प्यासे है आँसू रोकूँ या छलकाऊँ,
साया मेरा आवाज देकर कहता है,
रोकना नहीं बहोत दर्द होता है।

❧ ❧ ❧

नसीब में दर्द थे दिल पे जिनकी हुकूमत हुई,
घाव मिले नादान को मरहम कैसे लगाऊँ,
बेबस दिल हारते हुए कहता है,
धड़कना नहीं बहोत दर्द होता है।

❧ ❧ ❧

काफिला दर्द का अपना दायरा बढ़ाता ,
कुरेदने लगता ज़ख्म मेरे मैं कैसे छिपाऊँ,
दर्द ज़ख्मों पर तरस खाकर कहता है,
हम जानते है तुम्हें बहोत दर्द होता है।

सांस सांस मिटने की फ़रियाद करती,
जिंदा रहा ना जाये ये सितम और कितना सहूँ,
सब खाक हो गया एक दबा हुआ एहसास कहता है,
लगता है दर्द को भी अब बहोत दर्द होता है,
हाँ, बहोत दर्द होता है।

5. उन्मुक्त हूँ मैं

माना की सहमी सी रहती हूँ,
मगर चंचल हो घूमती फिरती हूँ,
जहान है इक मेरा खुद का,
जहाँ पहुँच महसूस होता,
उन्मुक्त हूँ मैं,
उन्मुक्त हूँ मैं।।

माना इस दुनिया में सिहरती हूँ,
फिर भी खुशियाँ ही बिखेरती हूँ,
लम्हा लम्हा मेरा गुमशुदा सा,
बहोत फर्क है पड़ रहा, फिर भी,
उन्मुक्त हूँ मैं,
उन्मुक्त हूँ मैं।।

❧❧❧

बेचैनी बहोत है सुकून चाहिए,
खामोश होकर अब सोना चाहिए,
देखे मैंने जो इस दुनिया के रंग,
देख इतने रंग कि हो गई बेरंग, फिर भी,
उन्मुक्त हूँ मैं,
उन्मुक्त हूँ मैं।।

❧❧❧

रूह जैसे हर दफा काँपती है,
लगता कुछ तो समझाना चाहती है,
नुकसान बहोत हुआ तूफाँ में,
और बहोत कुछ गवाँ चुके, फिर भी,
उन्मुक्त हूँ मैं,
उन्मुक्त हूँ मैं।।

❧❧❧

ज़िंदगी मेरी जबसे बनी सज़ा है,
ऐसे जीने में एक अलग ही मज़ा है,
सज़ा ऐसी जो खत्म नहीं होती,

मगर धीरे-धीरे खत्म जरूर करती, फिर भी,
उन्मुक्त हूँ मैं,
उन्मुक्त हूँ मैं।

"वो गम ही क्या जिसपे खुशियाँ पहरा ना दे,
पर राहें बदल लेती यूँ चुपके से कि आगाह भी नहीं करती"

6. अनजान राह

समझ भी जाएंगे,
संभल भी जाएंगे,
ज़िंदगी के किसी मोड़ पर,
हुए रूबरू जो खुद से,
हो सकता है शायद,
मुकम्मल हो जाएंगे।

आज पता नहीं खुद का,
ना रास्ता कहीं जाने का,
लापता सी ज़िंदगी में,
डर है बिखर जाने का,
खड़े है अनजान राह पर,
ना अंत ना आरंभ है जिसका।

एकांत ही है अपना,
और एक टूटा सपना,
बैठी मायूसी साथ,
खुशियों का हुआ पलटना,
गमों ने जब दी दस्तक,
आँसुओ का आँखों से झलकना।

वक़्त जब करवट है बदलता,
किसी का जोर कहाँ चलता,
बेसब्र होती जिंदगी जब,
तिनका तिनका बिखरता,
समेटना हो जाता मुश्किल क्यूंकी,
मिज़ाज वक़्त का सब तबाह करता।

चल दिये अनजाने में,
वक़्त लगा लौट आने में,
गुमनामी का साया लिये,
मुश्किलें खुद को पहचानने में,
भूल जाये जब अपना ही अक्श,
बेगाने से हो जाते जमाने में।

7. एक दर्द मेरा

छुपा लूँ जमाने से और दिखा भी दूँ जमाने को,
मयखाने में बैठे एक ज़ख्मी दिल के पैमाने को,
अरसे बाद मुसाफिर महफ़िल-ए-दर्द में कहता है,
एक दर्द मेरा मुझमें महफ़ूज रहता है।

जमाने में ना कमी दर्द की, ना कमी मरहम की,
कुछ साज़िश थी वक़्त की कुछ रुसवाई थी जग की,
असहनीय ज़ख्मों को देख कोई मुस्कुरा कर कहता है,
एक दर्द मेरा मुझमें महफ़ूज रहता है।

नाजुक सी थी रूह जिसकी, किसी तपिश से झुलस गई,
देखे क्या वो झांककर खुद में बस राख बाकी रह गई,
देख कर रूह का ये हाल कोई कराहते हुए कहता है,
एक दर्द मेरा मुझमें महफ़ूज रहता है।

दिल मेरा है पूरा भरा, मगर छलकना बंद कर दिया,
रोता है छुपके, जमाने को दिखाना बंद कर दिया,
हंसी की आड़ में कोई खामोशी छुपाकर कहता है,
एक दर्द मेरा मुझमें महफ़ूज रहता है।

8. ख़ुदा और मैं

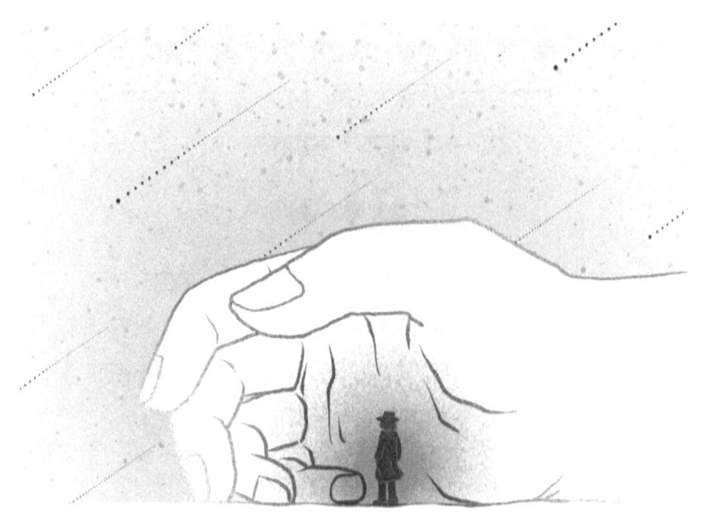

सवेरा ख़ुदा, शाम मैं,
मतलब ख़ुदा, नाम मैं।

तकदीर ख़ुदा, बेबस मैं,
मरहम ख़ुदा, ज़ख्म मैं।

आँखें ख़ुदा, आँसू मैं,
समेटे ख़ुदा, बिखरू मैं।

❧❧❧

जहान ख़ुदा, तिनका मैं,
धूप ख़ुदा, साया मैं।

❧❧❧

आग़ोश ख़ुदा, नींद मैं,
सुकून ख़ुदा, बेचैन मैं।

❧❧❧

हलचल ख़ुदा, ठहरी मैं,
सागर ख़ुदा, गहरी मैं।

❧❧❧

दरिया ख़ुदा, प्यासी मैं,
तलाश ख़ुदा, भटकती मैं।

❧❧❧

खामोश ख़ुदा, आवाज़ मैं,
इबादत ख़ुदा, फ़रियाद मैं।

❧❧❧

मंज़िल ख़ुदा, सफर मैं,
सब्र ख़ुदा, बेसब्र मैं।

❧❧❧

जन्नत ख़ुदा, कफन मैं,
ज़िंदगी ख़ुदा, दफन मैं।

आईना ख़ुदा, देखूँ मैं,
कृष्णा ख़ुदा, हेमू मैं।

9. मुसाफ़िर

और ना ले इम्तिहां ख़ुदा मेरे सब्र का,
लंबे वक़्त से चलती मुसाफिर हूँ मैं,
छिन चुकी मेरी पहचान तक मुझसे,
समय के हाथों बनी एक काफिर हूँ।

कतरा कतरा बिखरने लगा मेरे वजूद का,
आब-ए-चश्म बाकी रहे आँखों में,
खालीपन बन गया ज़िंदगी जीने की वजह,
वरना जहर तो आज भी बाकी है साँसों में।

ढलती हुई साँझ और दम तोड़ती आस,
हर रोज से ज्यादा घनी अंधेरी होती रात,
खुदा ही जानता है ज़ख्मों पर मरहम लगाना,
इस पहर में तो परछाई भी छोड़ देती साथ।

अंधेरे कोने में बैठी हूँ जब तन्हा,
उस वक़्त साथ किसी का गवारा नहीं,
होती है मेरी जब खुद से ही मुलाकात,
देखकर मेरा हाल वो आँसू रुक सका नहीं।

खुदा ने आँखें मूँद रखी है शायद,
इसीलिए मेरी आँख का आँसू अब तक सूखा नहीं,
मिटने लगी है ख्वाहिशें इस मोड़ पे आकर,
एक लंबे अंधकार का अंत अब तक हुआ नहीं।

तेरे इतने बड़े संसार में खोजती हूँ खुद को,
कहाँ गुम हूँ अरसे से मुझे मेरा पता दे,
टूटे वजूद के टुकड़े चुभने लगे अब,
दफना सकूँ इनको कहीं खुदा थोड़ी सी तो जगह दे,
बस थोड़ी सी तो जगह दे।

10. एक मंज़र था ऐसा

कहना भी चाहूँ चुप रहना भी चाहूँ,
उदासी के समंदर से पार पाना चाहूँ,
कैसे इस ज़िंदगी को बारीकी से तोड़ा,
मौत ने गले लगाके ज़िंदा कैसे छोड़ा,
एक मंजर था ऐसा, एक मंजर था ऐसा।

मैं वाकिफ़ हूँ खुद से कि वाकिफ़ भी नहीं,
दर्द के काफिले संग, मैं भटकती कहीं कहीं,
जुड़कर मुझसे जख्मों ने पूछा,
हम आएंगे पास तेरे, तुने कभी था सोचा?
एक मंजर था ऐसा, एक मंजर था ऐसा।

जिंदा हूँ मगर जिंदा नहीं हूँ,
मशरूफ़ हूँ अभी संभलने में तभी चुप रहती हूँ,
मौका था फ़कत ज़िंदगी को मात देना,
मैं चाहती थी बस अंतिम सांस लेना,
एक मंजर था ऐसा, एक मंजर था ऐसा।

ख्वाहिशे मिटने लगी, मुझमें ही सिमटने लगी,
क्या देखे नैना सपने ज़िंदगी ही डसने लगी,
वक़्त को खंजर लिए अपनी ओर बढ़ते देखा,
आभास हो गया कि अब तकलीफों में ही है रहना,
एक मंजर था ऐसा, एक मंजर था ऐसा।

कान्हा तेरी दुनिया ने बहोत सताया मुझे,
कि जगमगाते ख्वाबों के सारे दीप बुझे,
छा गया घना अंधेरा खो गई मैं कहाँ,
ले चल अपने जहां में अब और नहीं जाता सहा,
एक मंजर था ऐसा, एक मंजर था ऐसा।

11. कितनी रातों में

सोई नहीं मैं, आसुँ बहें जायें,
सिकुड़ के कोने में, टुकड़े बिखराये,
कितनी रातों में।

आँखों की नमी, सी देती होंठों को,
ख़ामोशी पसर जाती बाहर, होती अंदर जंग की शुरुआत,
कितनी रातों में।

आँखों की नमी, सी देती होंठों को,
ख़ामोशी पसर जाती बाहर, होती अंदर जंग की शुरुआत,
कितनी रातों में।

तस्वीर टूटे ख्वाबों की, आ जाती जब हाथ,
सुन्न होकर बैठती, सब टूटा देख कर अपना,
कितनी रातों में।

मिटा के सारे किस्से, दिल कर दिया कोरा,
खरोंच कर एक जख्म, देखा जाता हर दफा,
कितनी रातों में।

मिला जिंदगी को तोहफा, तन्हाई बेरुखी का,
छोटी सी उम्र रो जाती, अस्तित्व देख कर मेरा,
कितनी रातों में।

मैं क्यूँ हूँ ज़िंदा अब तक, ये सवाल खुद से करती,
बोझ जिंदगी का उठा कर दिन भर, अंत में हार जाती,
कितनी रातों में।

शिकायत करती खुद से, और बगावत भी करती,
दोषी जान कर खुद को, मैं सजा मुक्करर करती,
कितनी रातों में।

खुशियाँ गवां कर, मैंने पहन ली बेड़ियाँ,
अँधेरों में रह कर, इनकी खन खनाहट सुनती,
कितनी रातों में,
ना जाने कितनी रातों में।

12. थकान हो गई

सितम गर ज़िंदगी पे ना होता तो ना करते इतना सफर,
अंश हूँ मैं तुम्हारा ही फिर क्यूँ पीना पड़ा ये जहर,
कुछ समझ नहीं आया, तो आ गई आपकी शरण,
कैसे कहूँ कि बहुत थकान हो गई भगवन।

रूह से आह निकलती है और पुकारती है नाम तेरा,
चलता है साथ डर का साया पर सुकून है कि साथ है तेरा,
देख सह के हर गम, खामोश हो गई मेरी जुबान,
कैसे कहूँ कि बहुत थकान हो गई भगवान।

कदम कदम पर ठोकरें मिली पर तुने सहारा भी दिया,
तिनका तिनका जो बिखरा, समेट भी तुने बखूबी दिया,
ना जानूँ तेरी मर्जी क्या फैसला है तेरा, हम तो है नादान,
कैसे कहूँ कि बहुत थकान हो गई भगवान।

ये विरान सी ज़िंदगी बस तन्हाई को साथ चाहती है,
खुद से ही लिपट के मेरी रूह जी भर रोना चाहती है,

कितना और बाकी है ये सफर, लगाते रहते है अनुमान,
कैसे कहूँ कि बहुत थकान हो गई भगवान।

❧❧❧

कि आजमा ले चाहे जितना, शिकायत बिल्कुल ना होगी,
रो ले चाहे दिल मेरा, जुबां से उफ़्फ़ तक ना होगी,
हैरान हूँ मैं बनी है जिंदगी मेरे लिए एक सवाल,
कैसे कहूँ कि बहुत थकान हो गई भगवान।

❧❧❧

मजाक बहुत किया ज़िंदगी ने पर कहती हूँ कि ठीक हूँ,
छिन गया बहुत कुछ इन हाथों से फिर भी खाली नहीं हूँ,
पत्थर की मूरत होके ज़िंदगी बनी बेजान,
कैसे कहूँ कि बहुत थकान हो गई भगवान।

❧❧❧

मेरी नियत मेरा ईमान नहीं कुछ तुझसे बेखबर,
क्या से क्या हो गई ये ज़िंदगी नहीं मुझे इसकी खबर,
बेरुखी है खुद से अब तु ही मुझे संभाल,
कैसे कहूँ कि बहुत थकान हो गई भगवान।

❧❧❧

जी चाहता है सब छोड़ के यहाँ से बहुत दूर निकाल जाऊँ,
समेट के बाकी ज़िंदगी अपने ही संग नई दुनिया बनाऊँ,
सब दिया है तेरा, कदमों तले जमीन, सर पे ये आसमान,
कैसे कहूँ कि बहुत थकान हो गई भगवान।

❧❧❧

एक तेरा दर ही सहारा है सिवा इसके कहीं न जाने देना,
भटक रही इस राही का बस तु ही हाथ थाम लेना,
खुश तो बहुत हूँ मगर चेहरे पर नहीं वो मुस्कान,
कैसे कहूँ कि बहुत थकान हो गई भगवान।

दुनिया की भीड़ में तेरे ही पास खुद को महफ़ूज है पाया,
तपती धूप में जब तुने किया अपने आँचल का साया,
भरोसा कर लिया तुझपे और तेरे होने का भी है गुमान,
कैसे कहूँ कि बहुत थकान हो गई भगवान,
नहीं कह सकती कि बहुत थकान हो गई भगवान।

13. डर का हिस्सा

मायूसी है दुनिया के मेले में,
निकले कैसे चार दीवारों के घेरे से,
जगमगाहट एक शोर मचाती है,
सोये मुसाफिरों की नींद खुल जाती है,
हैरान हो गए सुनके ये किस्सा,
जब डर ने मांग लिया अपना एक हिस्सा।

सूरज उगता नए दिन की शुरुआत में,
ढाल जाता यूँही एक खुशी की तलाश में,
कहाँ से आ गए बादल उदासी के,
डर बरसा बारिश के रिमझिम पानी से,
थम गई बारिश सुनके ये किस्सा,
जब डर ने मांग लिया अपना एक हिस्सा।

एकांत में एक आनंद है एक नशा है,
सही कहते है कि एकांत में ही मज़ा है,
महफ़िलों में ना जाने के बहाने बनाने लगे,
खुदके ही साथ अलग दुनिया में जाने लगे,
तन्हाई हुई नाराज़ सुनके ये किस्सा,
जब डर ने मांग लिया अपना एक हिस्सा।

मुरझाये फूल खफा है मौसम से,
जो बहुत रंग बदलता रह रह के,
उदास हुआ उपवन सुखी कलियाँ देख के,
चुप हो गया वो मौसम को बुरा कहके,
रो पड़ा उपवन सुनके ये किस्सा,
जब डर ने मांग लिया अपना एक हिस्सा।

"हर हिस्सा डर से बना और डर का है अपना एक हिस्सा,
बस इतना सा ही है ये एक छोटा सा किस्सा"

14. आशियाने

कुछ आशियाने बनते ही टूटने के लिए है,
जो टूटते नहीं वो किसी दफा तोड़ दिए जाते है।

दस्तूर है ज़िंदगी का गर जो मयस्सर होगा,
उन्हे जुल्मत में बस आब-ए-चश्म का ही सहारा।

बेतहाशा यकीं ख्वाबों की तस्वीर अधूरी छोड़कर,
मुक़द्दर की कड़ी हक़ीक़त से रूबरू कराता है।

जिन कूचों में क़याम था मिरा कभी,
महशर के दिन मिरी कैफ़ियत का जिक्र सरेआम हुआ।

अजिय्यत की गर्द आहिस्ता आहिस्ता रूह से लिपटने लगी,
ग़फ़लत थी मिरी हिफ़ाज़त ना की ये गिला रहेगा।

बोसीदा ग़म मुखालिफ़त है मिरे से,
एक तलब है इस परिंदे को कैद से रिहा करू।

यूं बेवजह अज़ल की दुआएँ नहीं मांगी जाती,
जीस्त की जफ़ाएँ बेबस कर तुर्बत तक ले आती हैं।

15. वक़्त

सिलवटें जब वक़्त पर पड़ने लगे,
तो समझना वक़्त पे वक़्त का बोझ हो गया।

कुछ हुआ शुरू जो था कभी खत्म हुआ,
सोये जख्मों का फिर से जगना शुरू हो गया।

वक़्त कभी ना कभी वक़्त को टक्कर है देता,
जैसे बादलों का आजकल गर्जना शुरू हो गया।

शिकायतें जो हुई थी कभी मिजाजी वक़्त से,
कानों में गुंजना जिनका दोबारा शुरू हो गया।

वक़्त जिस वक़्त हाल पे रोता था मेरे,
आज देख वक़्त का हाल मेरा रोना हो गया।

झुलसता वक़्त जिससे ज़ख्म बहुत मिले,
उस आग से वक़्त का बचना मुश्किल हो गया।

ना मिटने वाले ज़ख्म है जो वक़्त पे पड़े,
लेके निशां वक़्त का भटकना शुरू हो गया।

वक़्त पे जिस वक़्त, वक़्त का सितम हुआ,
चीखता था वक़्त मगर आज बस खामोश हो गया।

टूटा हुआ वक़्त संभलने की कोशिश करता,
तो वक़्त की हिम्मत देख बहुत गर्व हो गया।

16. सच

नैनो में अश्कों की थोड़ी नमी सी है,
बेखौफ हवा आज कुछ सहमी सी है,
किस कदर हुई जुदा मैं खुद से ही,
सच आज मुझमे कुछ कमी सी है।

उजालें मुझसे ख़फ़ा होने लगे,
अंधेरे मुझे पास बुलाने लगे,
बढ़ाती गई कदम सुनसान राहों की तरफ,
सच अंधेरे मेरे ज़ख्म सहलाने लगे।

❧❧❧

बदल गया सब मगर मौसम बदला नहीं,
पत्तों का शाख से गिरना तक रुका नहीं,
लगता ये पत्ते मेरी कहानी बयां करते,
सच मेरा संभलना अभी हुआ नहीं।

❧❧❧

अधूरे ख्वाबों की दस्तक सुनाई देने लगी,
रूठी तकदीर एक टक खड़ी देखने लगी,
कहती कुछ कैसे, गुनहगार जो ठहरी,
सच परछाई भी अब मुझसे दूर रहने लगी।

❧❧❧

मोम सी ज़िंदगी लगातार जल रही,
पिघलती हुई धारा आग बन बह रही,
मचाने लगी तबाही जहाँ से गुज़रती,
सच ये मंज़र देख रूह कांप रही।

❧❧❧

झाँकती है यादें दिल के झरोखे से,
धुँधला जाते वो पल जो थे सपने से,
हौंसला जब शीशे सा टूटने लग जाये,

सच एक डर लगने लगता है बिखरने से।

वक़्त बे वक़्त जब कहर बरसाता है,
तो दर्द का सिलसिला शुरू हो जाता है,
चुभने लगते पल पल ज़ख्म पुराने,
सच दर्द अपने होने का एहसास कराता है।

एक सफर कर रही जो खत्म ही नहीं हो रहा,
ग़मों का साया पीछा नहीं छोड़ रहा,
ये राहें भरी मेरे टूटे कतरों से,
सच हर कतरा सफर और भी मुश्किल कर रहा।

जो वीरान हो जाये वो फिर रोया नहीं करते,
महसूस ना होता कुछ हर जज़्बात मर जाया करते,
फूलों की छुअन जब काँटा बन चुभने लगे,
सच मानो ऐसी तबाही हम रोज़ देखा करते,
ऐसी तबाही हम रोज़ देखा करते,
रोज़ देखा करते।

17. शब्द मौन है

वीरान है ये शहर ख़बर नहीं कहाँ हूँ,
बुझती सी आग हूँ और जलती सी राख हूँ,
जागी सी रात में सहमा एहसास कहे,
मासूम सा दिल कितना मायूस रहे,
कहने को सब ओर बहुत शोर है,
फिर क्यूँ आज मेरे शब्द मौन हैं।

कुछ टूट के गिरना जैसे कांच का बिखरना,
अनचाहे दर्द का करीब से गुजरना,
एक झोंके ने जो आशियां तबाह कर दिया,
पल भर में सब अस्त व्यस्त हो गया,
देखे तो तबाही सब ओर है,
फिर क्यूँ आज मेरे शब्द मौन हैं।

काश ये हवाएँ कहीं दूर ले जाएँ,
अज़नबी हो सबके बीच रहा ना जाये,
सिसकियाँ छुपाकर जब हंसी अपनाई गई,
एक शरर जमाने भर में फैल गई,
खुद से ही फुरकत का दौर है,
फिर क्यूँ आज मेरे शब्द मौन हैं।

❧❧❧

तकलीफों का जिंदगी में होना है जरूरी,
बेबसी मिलके अश्कों से ना रही अधूरी,
दर्द की दुनिया जबसे रंगीन हुई,
सारे रंगों की जैसे तौहीन हुई,
चीखते रंगों की जुबां अनबोल है,
फिर क्यूँ आज मेरे शब्द मौन है।

❧❧❧

खुद ही की निगाहों में गैर हो गए,
जिंदगी और मौत के बीच जीना भूल गए,
इत्तिफ़ाकन कुछ नहीं बस वक़्त साजिश करता,
एक शिकस्ता की राह और मुश्किल करता,
नासाज है तबीयत रूह बेचैन हैं,
फिर क्यूँ आज मेरे शब्द मौन है।

❧❧❧

धुआँ है तकलीफ का नैनो में चुभता,
दिखे ना किसी को दम घुटता राहत,
उदासी की राह पर पाँव थकने लगे,
रोज थोड़ा थोड़ा खुद को खोने लगे,
रूठी तकदीर सवाल करे तू कौन है,
शायद इसलिए आज मेरे शब्द मौन है,
इसलिए आज मेरे शब्द मौन है।

18. एक टूटा हुआ इंसान

एक टूटा हुआ इंसान,
ढूंढता है स्वयं को,
और सुकून है ढूंढता,
भीड़ जब करती है परेशान,
तो एकांत है ढूंढता,
एक टूटा हुआ इंसान।

लगती है अच्छी तन्हाइयाँ,
और ये सुनसान अंधेरा,
जैसे करता है एहसान,
आग़ोश में बैठ के जिसके,
मगर रोता है बहुत,
एक टूटा हुआ इंसान।

ये जो हालात हैं,
जैसे बहुत सवालात हैं,
मगर खामोश है जुबान,
मिले न जब क्यूँ का जवाब,
तो तड़पता है बहुत,
एक टूटा हुआ इंसान।

❧❧❧

लम्हे लगने लगे भारी,
ठहरी जो लाचारी,
खुद से होके अंजान,
चले बस सांसें,
तो यूँ ही जिए जाता है,
एक टूटा हुआ इंसान।

❧❧❧

समझा ना सके किसी को,
जो वो खुद है सहता,
कि क्यूँ है यूँ बेजान,
जब चुभने लगे वक़्त,
तो टूटने ही लगता है,
एक टूटा हुआ इंसान।

❧❧❧

कैसे लड़े खुद से ही,
जब खुद से हो बगावत,
ना निकले कोई समाधान,
गुजरते हुए टूटता ही जाता है,
एक टूटा हुआ इंसान,
एक टूटा हुआ इंसान।

19. अंधेरा

इक अंधेरा मुझे अंधेरा कर गया ,
उजालों से रिश्ता कब का टूट गया।

अवसाद के क्षण गुजारे है गिन गिन,
प्रयास किये बहोत निकल जाऊं किसी दिन।

मगर मन की निरसता अंदर तक कचोटती है,
खल्वत में रहने की ही कोशिश करती है।

फिर गौर करती की हाल बेहाल है आज भी,
जिंदगी देख रही कि मैं हर दिन हार रही।

बंजर नैनों को अश्क अपनी नमी से सींचने लगे,
समेट जो रखा था खुद को फिर से बिखरने लगे।

जख्मों का तेज होता प्रभाव मरहम का अभाव,
असहनीय पीड़ा से होता मृत्यु की ओर झुकाव।

❦❦❦

खुद में झाँकना यूं बार बार संभालना और नहीं होता,
उम्मीद ना उम्मीद के बीच आहत मन संघर्ष करता।

❦❦❦

तकलीफ है अथाह किस तरहा हुई खुद से जुदा,
मानो मेरा जीवन मेरा वक्त हो रहा मुझसे खफ़ा।

❦❦❦

आज भी शीशे की तरहा चटक जाते है टुकड़े मेरे,
फिर आता है इक झौंका बिखर जाते हैं धीरे धीरे।

❦❦❦

जब अपने ही टुकड़े चुभने लगे तो सुकुन कहाँ मिले,
मायूसी का हाथ थाम किस अंजान राह निकल पड़े।

❦❦❦

जिन राहों पे आगे बढ़ना है वहीं पीछे धकेल रही,
सच है रोज थोड़ा कम हो रही अंदर कहीं घुट रही।

❦❦❦

रात का पहर अंधेरा घना और ये सुनसान शहर,
मंजर है भयावह दर्द का काफिला मचाता कहर।

❦❦❦

असीर बना दिया मेरे जख्मों ने मुझे अंधेरो का,

असीम पीड़ा को मन के ही अंधेरे में छुपा लिया।

कितना और सहना है क्या मुझे ऐसे ही रहना है,
अंधकारमयी जीवन कब तक सहेज कर रखना है।

एक आस है अंत हो मेरा या हो मेरी तड़प का,
आधार नहीं जिंदगी का बस है जीने की विवशता।

ये ढलती साँझ हर रोज अपना फर्ज निभाती है,
बिन कहे हाथ थाम अंधेरों के हवाले कर जाती है,
जहाँ पहुंचकर हेमू गुमसुम हो जाती है,
हाँ, मौन ही हो जाती है।

20. इमारत

कुछ तारीखें फ़क़्त आज़ार देती है,
और वक़्त की जफ़ाएँ ताज़ा हो जाती है।

बहुत काविश किए, मसाफ़त तय की,
मगर लर्जिश रूह की कम ना हुई।

ज़िंदगी के ज़र्फ में मसर्रत अब कहाँ,
कि फ़ना होने की चाह अर्श तक है।

मुश्त-ए-ख़ाक हुई इमारत का,
सहल है अब इख्तिताम हो जाना।

21. खुद से...

फिसल रही है जिंदगी मेरे हाथों से,
किस राह खड़ी मैं लड़ रही हूं खुद से अपने हालातों से,
अंत नहीं अनंत है वीरानियाँ,
वजह है, कुछ किस्से और कुछ कहानियाँ।

सुनती हूं अपने अंदर का शोर अपने अंदर का मौन,
निज़ात पाना हुआ मुश्किल, मैं जाऊँ किस ओर,
झांक कर खुद में करती नादानी हूँ,
मालूम है जब कि खुद से बेगानी हूँ।

जहाँ से भागती हूं वहीं पहुँच जाना,
महफिल में होकर भी मायूसी और अकेलापन ही पाना,
हँसी की ढाल मायूसी छुपा लेती है,
कदम कदम पर तकदीर ऐसी सज़ा देती है।

पास नहीं कुछ कहने को,
मगर बहोत कुछ है सहने को,
जहाँ कुछ कह नहीं पाती,
वहाँ बस यूँ हीं चुप हो जाती।

खैर, अब मन मस्तिष्क एकदम सुन्न है,
कानों में गूँजती सन्नाटे की धुन है,
सन्नाटा पसर गया है चारों तरफ,
केवल यहीं मेरी अपनी महफिल है।

खुद का हाथ थाम खुद से बातें करते हुए,
हो जाती हूँ गुम खुद में कहीं,
परवाह ना रहती जहाँ पहुंचकर दुनिया की,
बेबसी है जीने में खुद से कह रही,
कितनी बेबसी है जीने में खुद से कह रही,
ये मैं खुद से कह रही।

22. मैं, कल और आज

तुम कल थी और आज मैं हूं,
दो अलग अलग तस्वीर है हम,
मेरा आगाज़ थी तुम तेरा आज हूं मैं,
एक उम्र देके तुझे, यहां तक लाई हूं मैं,
एक तुफां ने हमें अलग था किया,
जलते हुए चरागों को बुझा ही दिया,
मुझे अंधेरों में छोड़ तुम कहाँ चली गई,
मैं तुझसे बहुत दूर हो गई।

बरसों बीत गए तुझे देखे,
तक़दीर की कश्ती पे हम ऐसे सवार हुए,
तूने मुझे जाते देखा मैंने तुझे जाते देखा,
और कुछ इस तरहा हम जुदा हुए,
हेमू, तेरा जाना मुझे खाली कर गया,
सफर इम्तिहानों का शुरू हो गया,
तक़दीर अपने मंसूबे में कामयाब हुई,
मैं तुझसे बहुत दूर हो गई।

वो पल था, तुझे जाते हुए देखा,
साज़िश ये की थी तकदीर ने पहली दफा,
रोई थी तुम, आंसू मैंने बहाए,
तुम चली गई ये मुझे कैसे यकीं आए,
लड़खड़ाते हुए मैंने चलना आरंभ किया,
गुजरी है जो मुझपे इस बेबसी को छुपा लिया,
तेरे जाने के बाद मैं जीना ही भूल गई,
मैं तुझसे बहुत दूर हो गई।

❧❧❧

जो आज हूं ये तकदीर का कर्म है,
तो क्या हुआ गर थोड़ी सी बेरहम है,
तुझे पता नहीं मगर मैंने रोया बहुत है,
अनंत पीड़ाओं से ना मिली राहत है,
जानना नहीं चाहा तूने हाल मेरा,
एक वक्त था जब थी मैं साया तेरा,
देख तेरे बिना कैसे परेशान हो गई,
मैं तुझसे बहुत दूर हो गई।

❧❧❧

तुम और मैं हैं तो एक ही,
मगर एक जिंदगी का फासला हो गया,
खुद में नहीं झांकती पर तुझमें झांकना जरूरी है,
क्यूंकि ये जो तजल्ली है मुझमें वजह तू ही है,
तुझसे दूर हो तहरीर का सहारा लिया,
बुझे हुए चरागों को फिर से जला लिया,
यहीं रोशनी मेरी प्रेरणा बन गई,

और अब मैं खुद के ही करीब हो गई,
खुद के ही करीब हो गई।

शब्दार्थ

1. मुनासिब - उचित
2. उन्मुक्त - आज़ाद
3. काफिर - नास्तिक
4. आब-ए-चश्म - आँसू
5. दस्तूर - प्रथा,रीति कायदा,नियम
6. मयस्सर - मौजूद
7. ज़ुल्मत - अंधकार, अंधेरा
8. बेतहाशा - बिना सोचे-समझे, बहुत जल्दी
9. कयाम - ठहराव, विश्राम
10. महशर - तबाही, कयामत
11. कैफ़ियत - हाल, हालत
12. अजिय्यत - कष्ट, दुख, तकलीफ
13. गफलत - लापरवाही
14. बोसीदा - पुराना
15. मुखालिफ़त - विरोध, शत्रुता
16. अजल - मृत्यु
17. जीस्त - ज़िंदगी
18. जफा - अत्याचार, ज़ुल्म
19. तुर्बत - कब्र
20. शरर - चिंगारी
21. अवसाद - थकावट, उदासी
22. ख़ल्वत - एकांत
23. अथाह - बहुत अधिक, अति

24. भयावह - भयानक
25. असीर - कैदी
26. पिन्हा - छुपा हुआ
27. अफ़सुर्दा - उदास
28. आज़ार - पीड़ा, कष्ट
29. काविश - खोज, तलाश
30. मसाफ़त - सफर, दूरी
31. लर्ज़िश - कंपन
32. जर्फ - पात्र, बर्तन
33. मसर्रत - खुशी, प्रसन्नता
34. मुश्त-ए-खाक - मुट्ठी भर मिट्टी
35. सहल - आसान, सरल
36. इख़्तिताम - खत्म
37. तजल्ली - नूर, रोशनी
38. तहरीर - लिखावट, लिखाई